A MESSIEURS

LES
TRÈS HONORABLES MEMBRES

DE LA

CHAMBRE DES DÉPUTÉS.

TRÈS HUMBLE PÉTITION

DES CRÉANCIERS DU ROI,

DEVENUS, PAR LA LOI,

CRÉANCIERS DE L'ÉTAT,

ET

DESQUELS LES CRÉANCES ONT ÉTÉ RECONNUES ET FIXÉES
PAR LA COMMISSION CRÉÉE PAR L'ORDONNANCE DU ROI,
DU 2 AUGUSTE 1828.

MESSIEURS,

Les Chambres qui vous ont précédé ont sou-
vent retenti des accens plaintifs des Créanciers
du Roi, QUE LA LOI A RENDUS CRÉANCIERS DE
L'ÉTAT, et qui, pour avoir sacrifié leur fortune
à secourir les Princes Français, *dans leurs re-*
vers, sont eux-mêmes tombés dans l'adversité.

Leurs lamentations, trop long-temps intercep-
tées, sont enfin parvenues jusqu'au Trône, en
même temps qu'elles ont trouvé un honorable
interprête, de qui le rapport a obtenu l'assenti-
ment de la Chambre, dans la séance du 21 juillet
1828, où la justice du Roi se manifestant à leur
égard, par la bouche de M. le Ministre des Finances, M. le Comte Roy a annoncé à la Chambre,
« que SA MAJESTÉ avait ordonné qu'il fût
» nommé une Commission pour examiner les
» titres de ceux qui se prétendaient ses créan-
» ciers. »

Une Ordonnance du Roi, du 2 auguste suivant, insérée au *Moniteur*, a bientôt institué
cette Commission, « devant laquelle les Créan-
» ciers du Roi ont été avertis de venir, *dans le*
» *plus bref délai*, produire leurs titres et faire
» reconnaître leurs créances. »

La Chambre est priée d'observer que cette
Ordonnance n'est point un acte arbitraire : mais
que le Roi et son Ministre s'y sont conformés et
renfermés dans les dispositions de la loi du
21 décembre 1814, qui, en accordant 30 millions que l'on a cru *approximativement* suffisans
pour l'acquit des dettes de l'émigration, ET DE
QUELQUES DETTES DE LOUIS XVI (*Voyez la séance
de la Chambre, du 29 novembre* 1814), a confié
au Roi l'institution de la Commission chargée

alors de les reconnaître et fixer, sauf l'approbation de Sa Majesté. Et ici, sur le renvoi que les deux Chambres ont respectivement fait au Ministre des Finances des Pétitions des Créanciers qui n'ont pas pu être payés sur les 30 millions, Sa Majesté, pour connaître invariablement la quotité des dettes qu'Elle doit encore, et la somme rigoureusement nécessaire pour les payer, a institué cette nouvelle Commission, toujours conformément aux dispositions de la loi de 1814.

Cette honorable Commission, composée de Membres des deux Chambres Législatives, du Conseil-d'Etat, de la Cour de Cassation et de celle des Comptes, a travaillé, pendant neuf mois entiers, à l'examen des titres des Créanciers, et à la reconnaisssance et fixation des dettes de Leurs Majestés, qui s'élèvent à peine à sept millions! *(a) page* 12.

Le Roi a approuvé ce travail, et l'a fait transmettre aussitôt à M. le Ministre des Finances, dans les attributions duquel son prédécesseur avait fait décider, au Conseil du Roi, que ces dettes appartenaient, depuis qu'elles étaient devenues *dettes de l'État,* par l'avénement successif de Leurs Majestés à la Couronne.

La Chambre est encore suppliée d'observer que cette décision du Conseil (de laquelle les

Créanciers avaient été informés directement par lettre du Ministre de la Maison du Roi, du 6 avril 1826, et qui leur est répétée en toute circonstance), n'est pas une décision arbitraire : mais qu'elle est conforme au droit public du royaume, tant ancien que moderne, auquel les Cours Royales et de Cassation se réfèrent en toute occasion : et la Chambre des Pairs y a rendu hommage, dans la séance du 5 juillet 1828 (*voir le* Moniteur *et la consultation ci-dessous* , (*b*) *page* 12.)

Après que le travail de la Commission eût été transmis par ordre du Roi, à M. le Ministre des Finances, M. le Comte Roy et plusieurs de ses collègues, MM. les Gardes-des-Sceaux, Comte Portalis et Bourdeau, M. le Vicomte de Martignac et M. le Baron Hyde de Neuville, ont annoncé aux Créanciers, que, « suivant les » intentions du Roi, ils s'occuperaient inces- » samment, des mesures de paiement des dettes » reconnues et fixées. »

SA MAJESTÉ a bien voulu témoigner Elle-même à l'un de ces principaux Créanciers, combien Elle regrettait que les circonstances n'eussent pas permis qu'Elle se libérât plus tôt de ces dettes de la reconnaissance; et Elle lui a dit, « qu'il pouvait être sûr qu'à la prochaine » session des Chambres, il serait pourvu à leur » acquittement. »

Mais peu après, le Ministère a été dissous !
et depuis cette dissolution, les malheureux
Créanciers se sont en vain efforcés, jusqu'aujour-
d'hui, de se prévaloir de l'Ordonnance du Roi,
du travail de la Commission, des promesses du
Ministère, de celles mêmes de SA MAJESTÉ :
qui, quelqu'affranchie qu'Elle puisse être, par
la loi, de la *matérialité* de sa dette, envers eux,
n'en a pas moins conservé toute la *moralité* : et
par ses sollicitudes et par l'intérêt qu'Elle dai-
gnait témoigner à ses Créanciers, leur a fait voir
et leur a dit, combien Elle sentait que son honneur n'était point intact, que sa probité se trou-
vait compromise et que sa conscience restait
chargée, aussi long-temps que leur paiement ne
serait pas effectué.

Eh ! comment ce paiement a-t-il pu embar-
rasser le Ministère, quand le Domaine de l'État
n'a pu, qu'à la charge de leurs dettes, se mettre
en possession des biens des deux Princes, à leur
avènement successif à la Couronne ? — Plus, de
leur part dans la loi d'indemnité ? — Plus, des
biens, meubles et immeubles, que Louis XVIII
a laissés à sa mort, et qu'on estime à plus de dix-
huit millions !

Si la Chambre, oubliant que dans sa séance
du premier mars 1823, elle a décidé, par un
ordre du jour, qu'elle n'avait pas le droit de

s'immiscer dans l'emploi des trente millions votés en 1814, témoignait aujourd'hui le désir d'en connaître l'emploi, la Chambre ne pourrait qu'applaudir à la piété fraternelle de Louis XVIII, qui, à l'exemple de son aïeul Henri IV, à l'égard de quelques dettes de son prédécesseur (*voyez, ci-dessous, au bas de la page* 15) (*c*), et après l'avoir fait annoncer à la Chambre, le 29 novembre 1814 (*vingt-deux jours avant la loi du* 21 *décembre!*) a adopté comme siennes, et fait payer, sur les trente millions, quelques dettes de Louis XVI, d'environ cinq à six millions ; desquelles, si Louis XVIII en est responsable, sa succession a surabondamment remboursé l'État ; que sa Liste Civile avait déjà secouru de vingt millions, dans les années 1816, 1817 et 1818.

Une proposition aux Chambres, *si elle est jugée nécessaire*, pourrait-elle donc y éprouver la plus légère opposition, quand, en outre l'Ordonnance du Roi et l'institution de la Commission qui a enfin solennellement reconnu et fixé les dettes de LEURS MAJESTÉS, ont été provoqués par le renvoi que les deux Chambres ont simultanément fait au Ministre des Finances, des Pétitions des Créanciers ?

Enfin, une Ordonnance émanée du Trône, *de concert avec les Chambres*, n'aurait-elle donc appelé les Créanciers de l'hospitalité, à venir faire reconnaître leurs créances, que pour les tromper, avec plus d'éclat, aux yeux de l'Europe entière ; et, après les avoir retenus à Paris, pendant deux années, pour les renvoyer, les mains vides ; ces mains qui se sont ouvertes avec tant d'empressement aux besoins des Princes, et de qui les Créances, désormais reconnues et fixées, avec tant de solennité, sont déjà en souffrance, depuis vingt et vingt-cinq années, antérieures à la restauration et sont devenues, par la loi, les dettes de l'État ?

Certes ! tel n'était pas l'avis de l'Honorable Chambre, quand elle accueillit son vénérable Doyen, proférant du haut de la Tribune, ces paroles : « N'est-ce pas avoir trahi la Couronne, » que l'avoir montrée si long-temps ingrate en- » vers ceux qui, dans ses revers, lui ont sacrifié » leur fortune et leur vie ? » — Ni quand elle ap- plaudit l'un de ses plus célèbres orateurs, lorsqu'à cette même Tribune, il dit, « que la Chambre » tiendrait pour calomnieux tout ce qui sem- » blerait porter du doute sur des sentimens » si puissamment empreints dans le cœur de » tous les Français : — et qu'où il s'agirait d'une » dette rigoureuse, chacun s'empresserait d'en » voter le paiement. » (*M. Dupin.*)

Nous en appelons aux souvenirs de ces Honorables Membres de la Chambre ; aux souvenirs de ceux de ses Membres, qui ont fait partie de la Commission ; aux souvenirs de la Chambre entière.

.. A ces causes, *Messieurs*,

Vu les lois *en vigueur*, tant anciennes que modernes, par lesquelles les Cours Royales et de Cassation prononcent, en toute occasion , que, « les Créanciers du Prince qui arrive au » Trône, deviennent, par son avènement, » Créanciers directs del'État. »

Vu le Procès-Verbal de la Séance de la Chambre, du 21 juillet 1828, où, ensuite d'un rapport de la Commission des Pétitions, M. le Ministre des Finances a annoncé à la Chambre, « que le Roi avait ordonné qu'il fût nommé » une Commission pour examiner les titres de » ceux qui se prétendaient ses Créanciers. »

Vu l'Ordonnance du Roi, du 2 auguste suivant, qui a nommé cette Commission, conformément aux dispositions de la loi du 21 décembre 1814.

Vu la lettre de M. l'Intendant-Général de la Maison du Roi, en date du 5 décembre 1829, dans laquelle il écrit à M. le Garde-des-Sceaux, pour transmettre au Conseil-d'Etat,

» qu'il a été résolu de ne donner aucune com-
» munication des travaux de la Commission
» *aux parties intéressées !!!* — et qu'il serait à
» désirer que le Gouvernement du Roi s'occupât
» *enfin* du remboursement de toutes ces dettes,
» lesquelles sont à la charge de l'État, et non
» de la Liste-Civile. »

ATTENDU que l'Ordonnance du Roi, annoncée à la Chambre par M. le Ministre des Finances, après un rapport lumineux de la Commission des pétitions, n'a pas pu être un leurre
et une déception pour la Chambre, ni pour les
Créanciers, Régnicoles ou Étrangers, qu'elle a
appelés à venir faire reconnaître et fixer leurs
créances :

ATTENDU que le travail de la Commission ne
peut pas rester un secret pour la Chambre, qui
l'a provoquée, et à qui elle a été solennellement
annoncée : ni pour les Créanciers dont elle a
reconnu et fixé les Créances, et qui ont droit
d'en réclamer le paiement:

ATTENDU enfin que le Roi et la France ne
peuvent pas rester plus long-temps, dans un
état de banqueroute patente, envers les malheureux Créanciers du dévouement et de l'hospitalité:

LA TRÈS-HONORABLE CHAMBRE est très-hum-
blement suppliée de vouloir bien,

Se faire rendre compte du travail de ladite Commission :

Se faire également rendre compte des biens, meubles et immeubles, dévolus au Domaine de l'État, par le double avènement au Trône, de Louis XVIII et Charles X, et par la mort de Louis XVIII : — et encore de ce qui a pu revenir *à l'État qui les représente*, par la loi des indemnités, pour ceux des biens des Princes qui ont pu avoir été vendus, séquestrés ou confisqués par les lois révolutionnaires.

Et inviter le Prince, lieutenant-général du Royaume et les Ministres à prendre par eux-mêmes, *si le cas y échoit*, ou à proposer à la Chambre les mesures les plus promptes et les plus efficaces, qu'ils jugeront nécessaires, pour le paiement des dettes reconnues et fixées : lesquelles, *dettes des Princes*, dans leur origine, sont devenues *dettes rigoureuses de l'État*, par le double avènement ; et *desquelles dettes le paiement ne sera cependant pas une charge pour l'État, puisqu'il sera pris sur la portion des biens des Princes, que leur avènement successif au Tróne, la loi d'indemnité et la mort de Louis XVIII, n'ont réunis au Domaine de l'État, qu'à la charge de leurs dettes.*

Sauf à la Chambre à prendre, dans sa haute

sagesse, telles mesures qu'elle jugera convena-
bles, à l'égard de ceux qui, sans respect pour
l'honneur de la Couronne et de la France, ont
pu entraîner et laisser le Roi et l'État, envers
leurs Créanciers, dans une situation dont aurait
honte le dernier des Français qui n'aurait pas
perdu toute pudeur, et qui rougit encore à l'idée
de banqueroute et d'ingratitude.

LE COMTE DE PFAFFENHOFFEN,

Créancier reconnu du Roi et de l'État,
Par Décision de SA MAJESTÉ, du 13
mars 1819,
Par Arrêté du Préfet de la Seine, du
12 octobre 1826,
Et par la Commission créée par Ordonnance du Roi, du 2 auguste 1828.

Paris, le 3 auguste 1830.

(*a*) Membres de la Commission.

M. le comte Daru, Pair de France, Président.

M. le comte d'Argout, Pair de France.

M. le baron Hely-d'Oyssel, } Membres de la Chambre
M. le chevalier Allent, } des Députés.

M. de Fréville, } Conseillers d'État.
M. Maillard, }

M. le baron Zangiacomi, Conseiller en la Cour de Cassation.

M. Cordelles,
M. Taboureau, } Membres de la Cour des Comptes.
M. De Laborde.

(*b*) EXTRAIT D'UNE CONSULTATION

DE MESSIEURS

Bourguignon, Billecocq, Tripier, Gayral, Charrier et Cochin.

. . . .

Les Créanciers reconnus des Princes Français sont devenus Créanciers de l'État, par l'avènement successif de Leurs Majestés Louis XVIII et Charles X à la Couronne de France, et par la réunion qui s'est alors opérée des domaines privés des Princes, au Domaine de l'État.

On sait que, suivant un principe fondamental de notre droit public, cette réunion de tous les biens possédés par le Prince qui monte sur le trône, au Domaine de l'État, s'opère de plein droit, à l'instant même de son avènement, par la puissance de nos institutions ;

mais à la charge, par l'État, d'acquitter toutes les dettes personnelles de son Roi.

Lorsque Henri IV monta sur le trône *il résista d'abord à cette réunion* (qui comprenait le royaume de Navarre, plusieurs autres principautés et des domaines en France), *dans la crainte de porter préjudice à ses Créanciers personnels.* Le Parlement insista ; et la réunion fut enfin prononcée par l'Édit du mois de juillet 1607, *en conservant les droits des créanciers personnels du Roi.* Il fut fait mention, dans le préambule de l'Édit, de cette sollicitude du Roi en faveur de ses créanciers : « *Le soin de payer nos Créanciers*, auxquels, « Nous et Nos prédécesseurs, Rois de Navarre et Ducs » de Vendôme, avions engagé et hypothéqué plusieurs » parts et portions du patrimoine que nous possédions » de notre chef et à titre particulier, *nous a retenus de* » *déclarer cette réunion.* » Mais pour les rassurer pleinement, Il eut soin de faire insérer dans le dispositif la phrase suivante : « *Les droits néanmoins de nos* » *Créanciers demeurant en leur entier, et en la même* » *force et vertu qu'ils étaient auparavant notre avène-* » *ment à la Couronne.* »

L'article 20 de la loi du 8 novembre 1814, relative à la liste civile et à la dotation de la Couronne, confirme cet ancien principe : « Les biens particuliers du » Prince qui parvient au Trône, sont, de plein droit » et à l'instant même, réunis au Domaine de l'État ; » et l'effet de cette réunion est perpétuel et irrévoca- » ble. »

Et comme il n'y a de biens réels à réunir que ceux qui restent libres, déduction faite des dettes (*non sunt bona nisi deducto œre alieno*), il s'ensuit que le Domaine de l'État ne s'accroît des biens particuliers du

Prince qui parvient à la Couronne, qu'à la charge, par l'État, d'acquitter le totalité de ses dettes.

C'est ce que la Cour de Cassation a jugé par deux arrêts célèbres, rendus les 30 janvier 1822 et 26 avril 1824 , motivés sur ce que :

« C'est un ancien et irrévocable principe du droit, » public français, qu'à l'instant même de l'avènement, » du Roi au Trône, tous les biens qu'il possédait au- » paravant , sont, de plein droit, unis et incorpo- » rés au Domaine de l'État, d'une manière perpétuelle » et irrévocable ;

» Que cette disposition de la loi, opérant une dévo- » lution entière et forcée de tous les droits actifs et pas- » *sifs* de la personne du Prince en faveur de l'État, » l'effet nécessaire et légal de ce désaisissement absolu , » est d'affranchir le Roi de toutes les actions qu'on » aurait pu avoir contre lui, avant son avènement au » Trône, *et de rendre ses Créanciers, Créanciers de* » *l'État ;*

» Que l'État, devenant, en effet, le représentant » du Prince, quant aux biens et aux droits actifs, *doit* » *aussi,* par une juste réciprocité, *le représenter, quant* » *aux engagemens personnels,* contractés avant l'avè- » nement ;

» Ce qui s'opère par la seule force de la loi ;

» Sous ce rapport, LES ANCIENS CRÉANCIERS DU PRINCE » DEVIENNENT , LORS DE L'AVÈNEMENT, LES CRÉANCIERS » DIRECTS DE L'ÉTAT. »

L'opinion contraire serait d'une iniquité révoltante. Quoi! l'État profiterait de la totalité des biens du Prince qui parvient au Trône, sans être tenu de se libérer envers ses créanciers ? et le Roi serait personnellement affranchi de toute action qu'on aurait pu avoir contre lui ! Ainsi l'avènement du Prince au Trône, le constituerait en état de faillite ! et sa Couronne deviendrait l'enseigne de la détresse, le signal de la ruine de ses Créanciers ! Cette supposition est tellement absurde, tellement injurieuse à la Majesté royale et à la dignité de l'État, que personne n'oserait se présenter pour la soutenir, etc., etc., etc.

* * *

(c)

HENRI IV a reconnu pour siennes les dettes de HENRI III : « attendu qu'il y va non seulement de notre honneur, mais aussi de la réputation de notre dit Seigneur et Frère, que l'on pourrait blâmer. »

Et le Parlement sur le désir du Roi, a ordonné que la chose soit mise en rapport : « vu notamment qu'il y va de la réputation de SA MAJESTÉ, et aussi de l'acquit de la conscience dudit Seigneur Roi. »

IMPRIMERIE DE PIHAN DELAFOREST (MORINVAL).
RUE DES BONS-ENFANS, n°. 34.

www.ingramcontent.com/pod-product-compliance
Lightning Source LLC
LaVergne TN
LVHW010053060726
842524LV00006B/2166